Pour Serge, toujours prêt à retourner avec moi dans ce fabuleux pays !

Pour Kumiko, également, avec qui j'échange des lettres (sur du vrai papier dans une enveloppe avec des beaux timbres !) depuis que j'ai 16 ans, et qui m'a fait voyager de cette façon.

Merci à Michel Noirret pour sa collaboration précieuse pour les textes.
Merci à Serge et à Véronique pour leur relecture.
Merci à mes parents et à ma sœur pour leurs encouragements.
Et merci à Stéphanie pour sa confiance et la belle collaboration !

ISBN : 979-10-96405-43-5

JAPON

Barbara
Luel Pecheur

Kisetsu

Les quatre saisons

AKINOMÉ

Préface

D'où vient l'envie de partir, de voyager ? Pourquoi ai-je envie de retourner pour la quatrième fois à Kanazawa ? S'enfuir, quitter l'ordinaire. Au Japon, tout est si différent. C'est comme une renaissance. Les rues de Kanazawa ne ressemblent en rien aux rues de Bruxelles. Besoin d'incertitude, de changement, devenir la personne que l'on a envie d'être...

Alain de Botton montre dans son livre *L'Art du voyage* que dans tout voyage on cherche ce qui manque dans notre vie. Il explique pourquoi la nature peut nous apaiser. Elle se moque de notre égo démesuré, de notre nombrilisme, nous fait réfléchir sur notre façon de vivre et relativiser nos petits et grands soucis. La biche rencontrée à Nara ne s'intéresse pas à nos sentiments d'animosité contre un collègue de bureau. Le vieil arbre près du lac de Kanazawa poussera de la même façon silencieuse, que la Bourse s'effondre ou pas. Dans la nature, nos déceptions et nos espoirs n'ont aucune importance. En tant qu'architecte, je suis évidemment passionnée par l'architecture japonaise, aussi bien contemporaine que traditionnelle. Elle a produit des choses remarquables, surprenantes, d'une grande inventivité, d'un raffinement qui laisse pantois. Mais outre l'architecture qui me fascine, il y a les coutumes, les objets, la nourriture, les jardins, la nature et bien sûr les saisons.

Avant de partir, nous nous sommes fixé un programme. Et avons beaucoup rêvé ! À l'arrivée, tout change. Car il ne suffit pas de regarder, il faut faire l'effort de comprendre... Ça se fait par petites touches ; une découverte par-ci, une émotion par-là qui en éclaire une autre. Le dessin est la meilleure façon de s'imprégner de la beauté d'un lieu. Non pas pour le dessin en soi, mais parce qu'il nécessite une observation minutieuse, longue et lente, par laquelle on s'imprègne de tous les détails.

Et puis un jour, le compte à rebours est enclenché, il faut faire sa valise pour rentrer. Les dessins et les objets acquis sur place bénéficient des meilleures attentions. Ils seront le prolongement concret de la réalité du séjour, il faut donc veiller à leur bon état à l'arrivée.

Bientôt commence l'autre partie, tout aussi riche du voyage, celle des souvenirs, des images, des sons, des sensations, des émotions. On enjolive ou dramatise, car un voyage se vit deux fois : sur place et au retour, avec les amis lorsque l'on raconte. Nos mots, nos gestes, nos regards deviennent paysages, musiques, rencontres, gastronomie, frissons, rires... L'attention que nous prête notre auditoire est une manière de retourner sur place.

Même des années plus tard, l'esprit du Japon continue de vivre en moi.

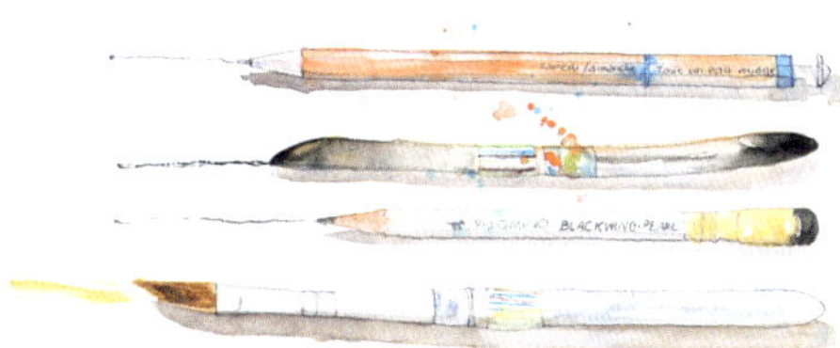

Le rose, les fleurs et l'eau

Les amis de la sagesse

Les philosophes ont des chemins que la nature
pare de mille sujets de réflexion.
Métaphysique du cerisier du Japon ?
Ces cerisiers, tranquilles témoins des promeneurs,
amplement photographiés et dessinés, ici au crayon et à l'aquarelle.
Malgré le monde, au Japon, on ne se sent jamais bousculé ni oppressé,
tellement chacun protège sa bulle d'intimité et veille à ne pas pénétrer
celle des autres, que ce soit physiquement, par le bruit ou par l'odeur...

—
Promenade des Philosophes,
Kyoto, région du Kansai,
crayon et aquarelle sur papier Arches

La promesse d'un nouveau départ

Le printemps revient
Revient chaque année
Même à Hiroshima
Les fleurs de cerisier
Chaque année
Font un pied de nez
À la vanité des violences humaines

10

Quand c'est le printemps au Japon,

—
Le mémorial de la bombe atomique, Hiroshima, région du Chugoku,
crayon, graphite soluble et aquarelle sur papier Saunders Waterford

SANNENZAK
KYOTO

Le mystère kyotoïte

Un village japonais
au printemps ?
Non, Kyoto
sous la loi des cerisiers en fleurs.
Mégapole mais aussi
simple hameau hors du temps.
L'immuable règle de leur floraison
s'impose, jusque dans la couleur des kimonos
et des ornements dans les cheveux des dames.

—
Rue Ninenzaka, quartier Higashiyama, Kyoto,
région du Kansai, crayon, graphite soluble et
aquarelle sur papier Saunders Waterford

Temple Ryoan-ji, le jardin sec,
Kyoto, région du Kansai,
dessin au crayon et aquarelle

De Tsugamo à Magome

La route est-elle longue ?
La route est-elle courte ?
Elle est comme on la prend.
La nature en fleurs,
les arbres en majesté.
Les maisons traditionnelles
accompagnent les promeneurs
et leur font oublier le temps.

—
Route Nakasendo,
parmi les maisons historiques,
vallée du Kiso, région du Chubu,
dessin à la branche sèche et encre de Chine
et aquarelle

Fûts de saké en robe de printemps

Sacré Saké !
Il manque d'« R » ?
Mais en toutes saisons
Il chasse nuages et mauvais temps.
À condition de s'arrêter à temps.
Mais ce n'est pas toujours facile…

Fûts de saké en bordure
du temple Tsurugaoka Hachimangu,
Kamakura, région du Kanto,
dessin au bic, crayon, feutre
et aquarelle

YASAKA
PAGODA
KYOTO

Liberté du trait

Le dessin à la branche sèche et à l'encre de Chine est libérateur à plusieurs points de vue.
Il m'a fait oublier ma manie d'architecte de vouloir toujours avoir le dessin « juste et parfait » : le bon nombre de fenêtres, la perspective impeccable... et il a libéré mon trait.
Quand j'ai commencé à dessiner à la branche sèche, j'ai osé peindre des scènes urbaines plus complexes. Et j'ai pris un plaisir fou en jouant.
Parce que la vie est trop courte pour compter les fenêtres...

—
Pagode du temple Hōkan-ji (ou Yasaka-no-to),
Kyoto, région du Kansai,
dessin à la branche sèche et encre de Chine,
avec aquarelle sur papier Arches

Noren de printemps

Quand il n'y a pas d'arbres
dans les parages pour indiquer la saison
il reste toujours
les rideaux en coton devant la porte d'entrée,
rose pour indiquer le printemps,
le noren,
un rideau d'accueil
ou un rideau de discrétion ?

Au-dessus des toits
antennes, fils conducteurs,
de l'embrouillamini
de nos paroles, de nos images.
On y perdrait le... fil.
Mais les rideaux roses
devant la porte d'entrée
annoncent le printemps.
Bienvenue.

—
Quartier de Gion, entrée d'un restaurant,
Kyoto, région du Kansai,
dessin à la branche sèche et encre de Chine
avec aquarelle

GION
31 03 2018

—
Quartier Yanaka,
façade de maison
et arbre en fleurs,
Tokyo, région du Kanto,
dessin à la branche sèche
et encre de Chine
avec aquarelle
sur papier Arches
et graphite soluble
pour les arbres

Musique ou architecture ?

Les deux sans doute.
Symphonie
Ou musiquette ?
Qu'importe !
Le rythme y est.
Le printemps danse.
Pour les Japonais cette façade
est peut-être banale.
Mais pour moi, avec ces rythmes,
matériaux et langage architectural
exotiques c'est une fête.
Une fête de contemplation et une fête
de dessin et de peinture.

Rue commerciale, Tokyo, région du Kanto, crayon, graphite soluble et aquarelle

Les confiseries japonaises

Les arômes et l'atmosphère de la saison, ici le printemps,
fusionnent dans deux centimètres carrés de sucrerie.
C'est tellement bien représenté, jusqu'au nom du bonbon,
que l'image de la saison surgit à l'esprit dès qu'on le met en bouche.
Fascinant !

—
Dessert de printemps et théière
au *Tea Room Iyemon*, Kyoto, région du Kansai,
dessin au crayon et aquarelle

Le plus beau magasin du monde

Un magasin ?
Non un paradis !
Un paradis d'architecture contemporaine
dessiné par Kengo Kuma.

Pigment Shop
de l'architecte Kengo Kuma,
avec un plafond en bambou,
Tokyo, région du Kanto,
dessin au crayon et aquarelle

Et un paradis
de pinceaux, pigments, papiers et
de gentillesse...
On y passe volontiers un jour, ou deux, ou plus.
Pigments, pinceaux et papiers sont mis à disposition pour jouer !

L'art de recevoir

Tout le monde enlève ses chaussures
pour entrer dans un ryokan.
Et on se sent immédiatement dans
un monde secret, isolé du monde
extérieur.
L'intérieur du ryokan a son propre
extérieur sous forme de petits
patios et de jardins et de vues bien
soignées.
L'émotion naît de la simplicité
des éléments du décor.
On a envie de tout dessiner.
Spontané ou voulu
rien n'est laissé au hasard pour que
les visiteurs se sentent chez eux.
C'est peut-être l'occasion d'essayer
une autre façon de peindre ?
Au lieu de faire d'abord le dessin au
crayon, je fais l'aquarelle en même
temps que le dessin.

—
Le ryokan Fujioto, Tsumago,
vallée de Kiso, région du Chubu,
dessin au crayon et aquarelle

—
Quartier Higashi Chayamachi,
une entrée de restaurant,
Kanazawa, région du Chubu,
crayon, graphite soluble,
bic noir et aquarelle sur papier Arches

Le vert, les tatamis et l'ombre

C'est quoi le beau ?

« Un dessin est simplement une ligne qui part en promenade. » (Paul Klee)

C'est une citation que je me rappelle lorsque je suis devant un sujet qui m'intimide par sa complexité ou son ampleur.
Et finalement si on « rate » le dessin, que peut-il arriver ?
Quand on commence un dessin et qu'on pose les premières couches d'aquarelle, ce n'est pas très « beau ». L'important est de ne pas abandonner et de continuer à travailler jusqu'à ce qu'il devienne « beau » à mes yeux...
Mais au fond, c'est quoi la « beauté » ?

—
Temple Chion-in, Kyoto, région du Kansai,
crayon et aquarelle sur papier Arches

Par où commencer ?

La boîte d'aquarelle tremble,
le pinceau frémit.
Bon sang !
Transcrire toute cette harmonie
sur du papier.
Quel chemin !
Par où commencer ?
... simplement par la petite maison qui attire le plus notre regard,
et laissons le dessin grandir de façon intuitive.

—
Baie du village de Ine
avec vue sur la colline,
préfecture de Kyoto,
région du Kansai,
dessin au graphite soluble
et aquarelle

—
Le sanctuaire Fushimi Inari Taisha,
Kyoto, région du Kansai,
dessin au crayon et aquarelle

Composition

Les couleurs explosent !
Feu d'artifice en plein jour.
Ces petites maisons étroites qui ont l'air ordinaires pour les habitants sont si exotiques pour les touristes.
Le linge qui sèche, les stores en bambou, les garde-corps des balcons, les marquises des magasins, le tout relié par des fils électriques et parsemé de fleurs et de plantes.
Un délice à dessiner et à regarder.
Je ne me lasse pas de me promener dans ces petites rues.

—
Une ruelle du quartier Yanaka, Tokyo, région du Kanto, dessin au bic noir, crayon et aquarelle

—
Une rue typique, Kinoshitacho,
avec les maisons reliées entre elles
par des fils électriques,
Kyoto, région du Kansai,
dessin à la branche sèche, graphite soluble
et aquarelle

Kyoto

Que ne ferais-je ?

Pour admirer
et dessiner les toits de Kyoto,
montagnes et vallons urbains
parsemés de verdure,
il faut savoir
prendre de la hauteur !
Rien de tel que le premier étage du seul « Starbucks » à tatamis au monde.
Même si je me suis promise de ne plus jamais mettre les pieds dans un « Starbucks »…
Mais que dessiner quand il y a tellement à voir ? Un conseil : ne dessinez pas tout.
L'œil du spectateur complètera…

Higashiyama-ku, toits de maisons traditionnelles, Kyoto, région du Kansai, dessin au crayon et aquarelle

Tsukiji

Petites rues, petites échoppes traditionnelles
Et restaurants de poissons et de sushis
Odeurs, couleurs, devantures décorées
On se côtoie, on s'interpelle
Dans un brouhaha et une plaisante agitation
Dessin à l'encre de Chine et branche sèche

—
Quartier Tsukiji, Tokyo, région du Kanto, dessin à la branche sèche et encre de Chine avec aquarelle

La grand-roue des saisons qui passent…
Pour dessiner Tokyo et entraîner le regard dans une ronde infinie
Tenez bien la branche de façon souple du bout des doigts
Et… ne soyez plus perfectionniste
Ce n'est pas si grave finalement
S'il manque une fenêtre dans le dessin ?

Murs végétaux

Le végétal dans les maisons traditionnelles : bambous, bois...
Le bois,
le bambou,
la paille,
le coton
sont les amis indéfectibles
des habitations traditionnelles
qui le leur rendent bien.

—
Le quartier Higashiyama,
entrée d'un restaurant, Kyoto, région du Kansai,
dessin à la branche sèche et encre de Chine
avec aquarelle

Le Chichu Museum

L'architecture de ce musée installé sur la splendide île de Naoshima s'intègre parfaitement dans la nature. Construit principalement en souterrain pour ne pas perturber le paysage de la mer Intérieure, il abrite des œuvres de grands artistes tels que Claude Monet,

—
Chichu Museum par Tadao Ando, Naoshima, préfecture de Kagawa, mer Intérieure de Seto, dessin au crayon et aquarelle

James Turrell et Walter De Maria. Tadao Ando joue avec la lumière et le béton, de façon à nous faire oublier le temps qui passe. Des trésors similaires sont éparpillés sur l'île mais, selon moi, ce musée reste en lui-même la plus grande œuvre d'art du site.

UKIYOE SMALL MUSEUM
OPEN WHEN I WAKE UP
AND CLOSE WHEN I MUST GO
TO SLEEP
WHEN I'VE HAD ENOUGH
THE STORE IS CLOSED

—

Quartier Higashiyama, Kyoto, région du Kansai,
dessin au bic, crayon et aquarelle

Un pois dans la vie

Sur l'île de Naoshima, il y a cette fameuse citrouille jaune à pois noirs de Yayoi Kusama. En 1960, elle déclarait : « La Terre est un pois, les étoiles sont des pois, le Soleil est un pois, ma vie est un pois perdu parmi des milliers d'autres pois. »
Des pois de différentes dimensions couvrent cette citrouille, qui fait aujourd'hui partie intégrante de l'île de Naoshima.
Quels sont les pois les plus importants dans la vie ?
Est-ce que notre vie n'est qu'un pois parmi des milliers d'autres ?
Et une ligne de dessin devient soudain un pois qui part en promenade sur la feuille.

—
La citrouille jaune de Yayoi Kusama sur la plage sud,
Naoshima, préfecture de Kagawa, mer Intérieure de Seto,
aquarelle et crayon

—
Quartier Higashiyama, Kyoto, région du Kansai, dessin à la branche sèche et encre de Chine, crayon et aquarelle

Orange et jaune : une explosion de couleurs

L'eau des saisons

Le jardin se prolonge dans l'étang
Au fil de l'eau comme au fil du temps
Jolies carpes koïs aux teintes délicates
Au rythme de votre nage ondulante
Parmi les feuilles tombées des arbres
Vous donnez à l'eau claire les couleurs des saisons
Qui passent et qui reviennent
Immuable grande roue du monde

—
Étang du jardin historique Shukkei-en,
Hiroshima, région du Chugoku,
dessin à l'aquarelle et crayon
sur papier Saunders Waterford

—
Temple Obai-in,
Kyoto, région du Kansai,
crayon, aquarelle et graphite soluble
sur papier Saunders Waterford

Perdue dans mes pensées

En visitant un temple, je ne sais jamais où poser mon regard. J'ai envie de tout dessiner et de m'asseoir pour méditer. Les jardins incitent à la méditation et à la contemplation. Cet environnement extraordinaire me rappelle les mots de Jun'ichiro Tanizaki dans *Éloge de l'ombre,* son essai sur l'esthétique japonaise (1933) : il explique qu'il ne trouve pas les mots pour décrire la sensation qu'on éprouve quand on est assis dans la lumière tamisée et qu'on se réchauffe dans la lueur dégagée par les *shōji,* perdu dans une méditation ou perdu dans ses pensées tandis qu'on contemple la beauté d'un jardin.
Dans le temple Obai-in, ouvert seulement quelques jours par an, il est interdit de prendre des photos. Mais on peut y dessiner...

Temple Tenju-an, Nanzen-ji,
Kyoto, région du Kansai,
crayon, aquarelle
et graphite soluble
sur papier Saunders Waterford

Un portique vers un monde de beauté

Plus qu'un jardin
une « installation »
permanente
lorsque la nature
l'art du jardinier
et une peinture
se font complices
de la beauté
de la beauté toute simple
nue, dirait-on.

Jardin Kenroku-en, Kanazawa, région du Chubu, bic et aquarelle dans carnet de croquis *hand book*

Une promesse d'amitié

À Kamakura, à l'entrée du temple Hase-dera, les petites statuettes, appelées Ryoen Jizo, promettent de nouer des amitiés sincères, d'améliorer les relations entre les hommes sur Terre et de propager l'amour, aussi.
Cela me conviendrait bien si tout le monde n'était qu'amour et bienveillance…

Et puis il y a Kanazawa

L'automne est splendide : c'est la saison la plus colorée. L'accueil et l'hospitalité japonaise créent un sentiment constant d'apaisement et de sérénité lors du voyage. Mes premiers dessins, les premiers jours, sont encore maladroits. Et puis il y a Kanazawa.
Seulement reliée à Tokyo par le Shinkansen depuis mars 2015, cette belle ville a été assez préservée du tourisme de masse. Kanazawa possède l'un des plus beaux jardins du Japon : le Kenroku-en. Par un temps splendide, comme par un temps de pluie, il y a assez d'occasions pour dessiner et s'abriter. Les Japonais ne râlent pas quand il pleut. Ils trouvent que cela ajoute une dimension poétique à la promenade. « *Sugoi* ! すごい ! », s'exclament des promeneurs enthousiastes. Il paraît que cela veut dire « super » ! Et puis ils s'excusent de déranger et demandent s'ils peuvent regarder... Pour ce dessin-ci il pleuvait.

—
Statues de Jizo à l'entrée du temple Hase-dera, Kamakura, région du Kanto, dessin au crayon et à l'aquarelle sur papier Seawhite of Brighton

Un accès privilégié à l'eau

La mer qu'on voit danser...
devant les maisons de pêcheurs
à Ine, Kyoto,
tandis qu'à l'arrière-pays la symphonie
des couleurs mène le bal.

—
Maisons flottantes appelées Funaya,
baie de Ine, préfecture de Kyoto, région du Kansai,
dessin à l'aquarelle et graphite soluble
sur papier Saunders Waterford

—
Ryokan Hiiragiya, Kyoto, région du Kansai, dessin à l'aquarelle et crayon sur papier Seawhite of Brighton

Le bain en bois de hinoki avec vue sur le jardin

Quand on loge au ryokan Hiiragiya,
un bon bain chaud vous attend au retour d'une journée de balade.
Le personnel prépare le *furo-oke* d'eau chaude.
La température est parfaite, au point que l'on se demande comment
il peut savoir à quelle heure on rentre ?
Du *furo-oke* dégageant une odeur citronnée, la vue plonge sur les saisons
d'un jardin intérieur, aujourd'hui c'est l'automne,
avec ses couleurs de feuilles qui se reflètent dans l'eau.

—
Kaiseki d'automne, ryokan Hiiragiya, Kyoto, région du Kansai,
dessin à l'aquarelle et crayon sur papier Seawhite of Brighton

—
Ryokan Hiiragiya, Kyoto, région du Kansai,
dessin à l'aquarelle et crayon sur papier Seawhite of Brighton

Après le bain

Un festin pour les papilles et pour les yeux préparé par le chef du *ryokan*
Si vous restez plusieurs nuits, et donc plusieurs repas, il veillera à ce que vous ne mangiez jamais la même chose, ni que la même vaisselle ne soit utilisée...
Les saisons s'infiltrent dans nos repas.

—
Ryokan Hiiragiya, Kaiseki d'automne, Kyoto, région du Kansai, dessin à l'aquarelle et crayon sur papier Seawhite of Brighton

Ryokan Hiiragiya,
Kyoto, région du Kansai,
dessin à l'aquarelle
et crayon sur papier
Seawhite of Brighton

Les saisons s'infiltrent dans la chambre

De notre chambre dans ce magnifique *ryokan* créé en 1818, nous apercevons cette petite lanterne et l'arbre qui vient de perdre ses feuilles sur la mousse soigneusement brossée, un patio intérieur qui introduit les saisons jusque dans la chambre, une petite lanterne assure l'intérim...

Un lâcher-prise

Le crayon n'est pas téméraire.
La gomme, son garde du corps,
est prête à pallier toutes ses imprudences perfectionnistes !
Ma hantise.
Les proportions sont-elles justes ?
Manque-t-il une fenêtre
ou un store de bambous ?
En recouvrant immédiatement le trait
à l'aquarelle, je me dis qu'heureusement
j'ai oublié ma gomme à 9 347 kilomètres d'ici.
Faire des dessins en voyage permet d'observer plus finement.

—
Kamogawa, promenade le long du fleuve Kamo
à hauteur de la station Kiyomizu-Gojo,
Kyoto, région du Kansai, dessin à l'aquarelle
et crayon sur papier Hahnemühle

—
Temple Ginkaku-ji, ou temple d'Argent,
Kyoto, région du Kansai, dessin à la branche sèche,
encre de Chine, aquarelle et crayon sur papier Arches

Une aide pour supporter les épreuves de la vie

Un Jizo n'est pas un petit oiseau mais une statue d'enfant.
Des statuettes qui honorent des enfants défunts selon les uns
ou qui nous aident à supporter les épreuves de la vie selon les autres.
Contre le froid de la tombe les vivants les habillent des plus chauds
tissus de leurs pensées, de bavettes et de bonnets faits maison.
Quoi qu'il en soit, ces statuettes me font littéralement fondre...
Et appellent au dessin.

—
Petites statues Jizo du cimetière Okuno-in,
mont Koya-san, région du Kansai,
dessin à l'aquarelle et crayon sur papier Arches

Calme et sérénité

On vivrait ici éternellement.
Dans un cimetière c'est tout indiqué.
Et l'éternel automne
qui tous les ans revient
ajoute encore
pour les vivants
une douce mélancolie.

—
Cimetière d'Okuno-in,
mont Koya-san,
région du Kansai,
dessin à l'aquarelle et crayon
sur papier Saunders Waterford

—
Jardin sec du temple Banryutei, mont Koya-san, région du Kansai, dessin au crayon et aquarelle sur papier Moleskine

—
Vue sur les toits du temple Daisho-in, île de Miyajima, Itsukushima, région du Chugoku, dessin à l'aquarelle et crayon sur papier Moleskine

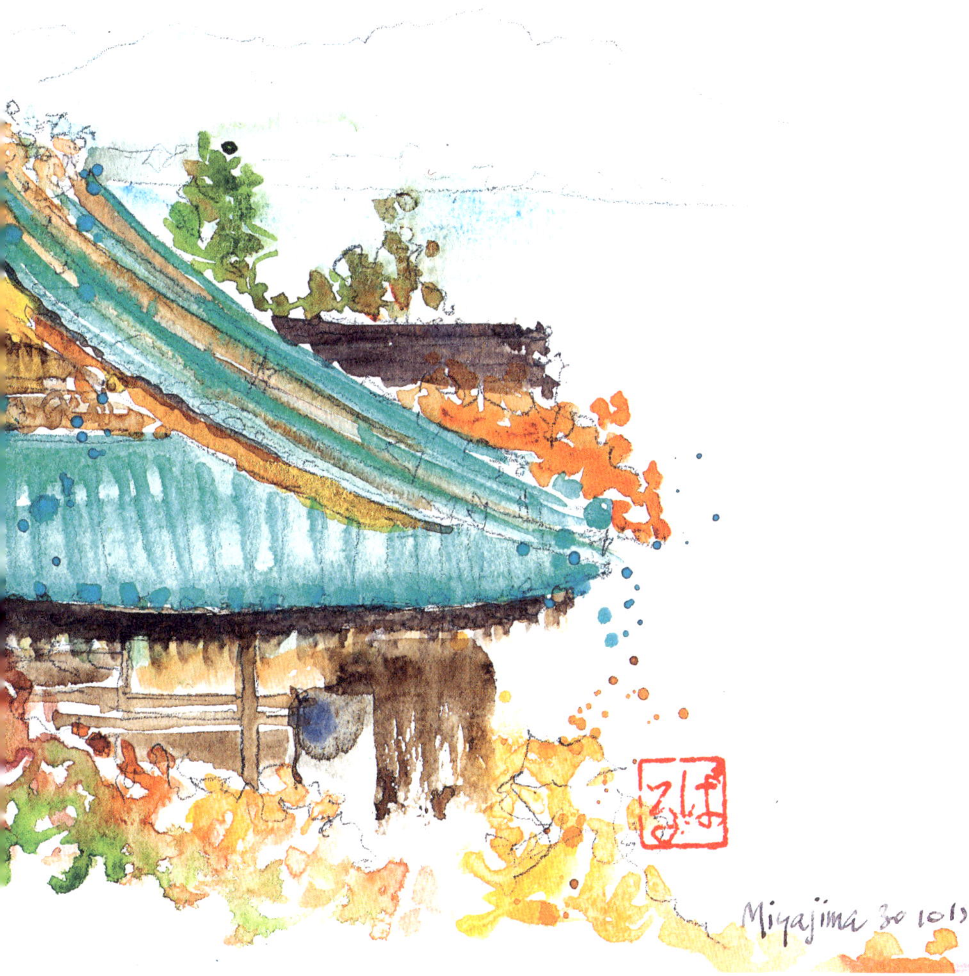

Une ode à la nature

« La feuille d'automne emportée par le vent… » ajoute sa touche personnelle dans le décor des petites rues. Les feuilles d'automne se propagent partout dans la vie quotidienne. Une ode à la nature ! Une ode à la joie ! Des feuilles d'érable sur les bouteilles de thé glacé, sur l'arrière-plan des distributeurs de boisson, en décor des devantures de magasin, sur les assiettes dans les restaurants, des confiseries en forme de feuille d'érable et des couleurs d'automne. L'automne s'introduit ainsi dans les foyers, les magasins et les rues des cités.

Bouteille de thé glacé en robe d'automne

Au Japon, chaque saison a son lot de couleurs,
ses formes dans le décor de chaque chose,
des devantures de magasin aux objets
les plus courants.
Flacon de printemps est devenu flacon d'automne.
Au Japon, chaque objet devient source d'inspiration et sujet de peinture.

—

Bouteille de thé glacé, distributeurs de boisson éparpillés dans tout le Japon, dessin à l'aquarelle et crayon sur papier Saunders Waterford

—

Enseignes, lanternes et décors de magasin, Osaka, région du Kansai, dessin à l'aquarelle et crayon sur papier Hahnemühle

Surmonter la peur de rater un dessin

Il n'y a pas de remède miracle pour réussir un dessin. Lors de mes débuts, ma formation d'architecte me faisait faire du « coloriage » d'un dessin avec une perspective soigneusement étudiée. Puis les règles de perspective et « comptage des fenêtres » m'ont lassée et j'ai essayé de nouvelles méthodes. Ici à Tsumago, j'ai alterné le crayon et l'aquarelle et le dessin a grandi de façon organique, le crayon traçant dans l'aquarelle encore humide, faisant une ligne de couleur, quand ce n'était pas le pinceau qui le remplaçait.

—
Vue vers le village Tsumago,
vallée de Kiso, région du Chubu,
dessin à l'aquarelle, graphite soluble
et crayon sur papier Seawhite of Brighton

89

Le blanc, le bleu et le bois

TAKAYAMA

Un voyage à Takayama

Comme un voyage hors du temps.
Dès que l'on monte dans le train – qui est toujours pile à l'heure – on vous remercie tout le long du trajet. Merci de voyager avec ce train, merci d'être venu dans cette gare, merci pour votre achat, merci pour votre intérêt, merci de venir dans cette petite ville, dans cet hôtel...
En arrivant à l'hôtel, des affiches étaient collées sur la porte d'entrée, une affiche par client, avec votre nom pour vous souhaiter la bienvenue.
L'affiche est restée collée là durant tout notre séjour.
Un soir, l'hôtel nous a réservé un restaurant, pour que l'on ne mange pas deux fois le même souper, et dans le restaurant il y avait une affiche de bienvenue également.
Comment résister à l'envie d'y retourner... encore et encore.

—
Patio d'une demeure historique, Kamisannomachi, Takayama-shi, région du Chubu, dessin à l'aquarelle et graphite soluble

—
Fuji-san en hiver, Fuji-Kawaguchiko,
préfecture de Yamanashi, région du Chubu,
dessin à l'aquarelle et graphite soluble

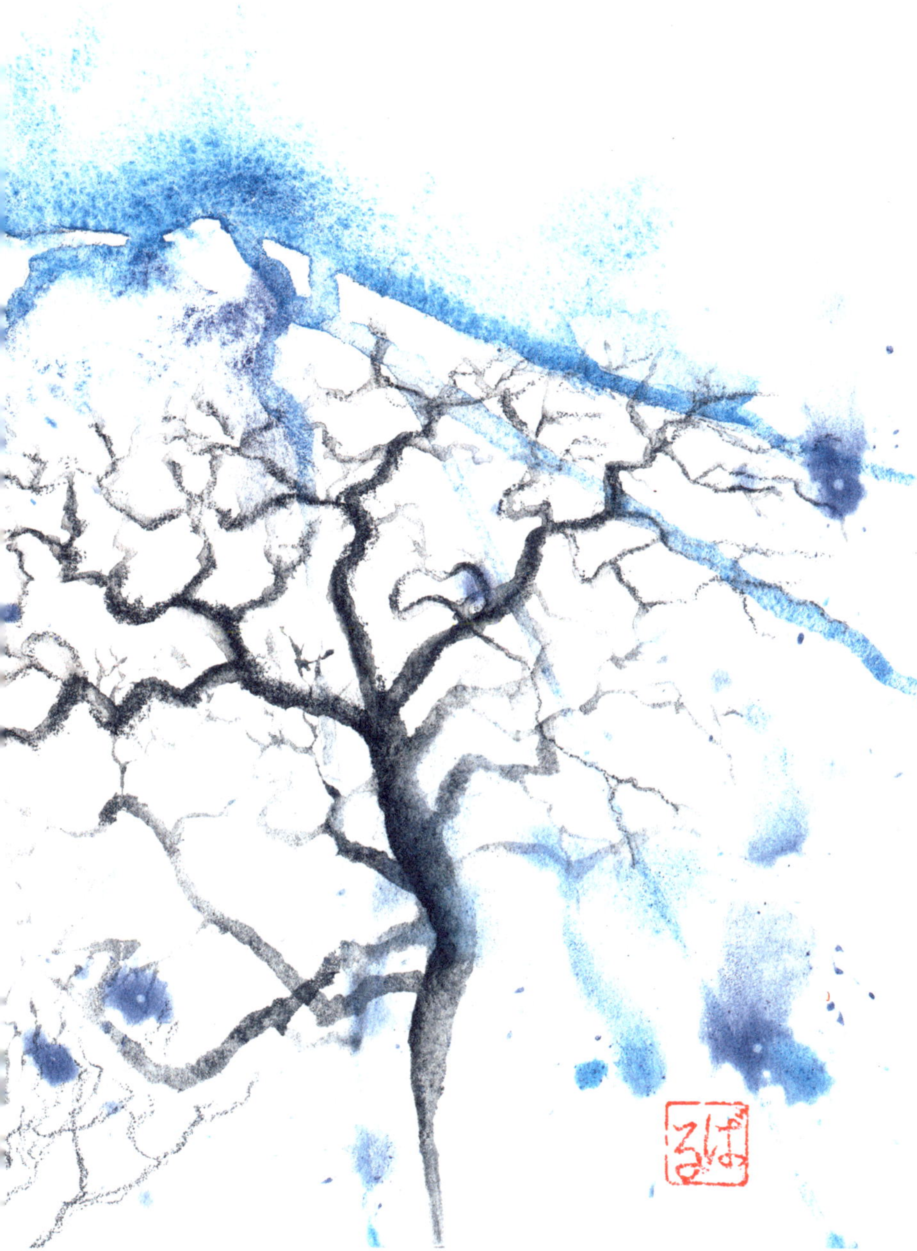

—
Takagarawa onsen, Minakami,
préfecture de Gunma, région du Kanto,
dessin à l'aquarelle et graphite soluble

Tout est dans le détail

L'hiver lui aussi
a ses nuances.
Morte saison ?
Mais non !
Le pinceau, léger,
les sublime.
Aquarelle
irréelle.
Bambou, tissus, boiseries lui donnent la chaleur d'intérieur.

Vue sur un jardin en hiver, Kanazawa, région du Chubu, dessin à l'aquarelle et graphite soluble

Jardin intérieur, Sengokuhara, Hakone, région du Chubu, dessin à l'aquarelle, bic, crayon et graphite soluble

Un étrange ballet

La nature et les humains,
de connivence,
font jaillir de l'hiver
un étrange ballet.
Le chorégraphe
a construit la scène silencieuse
et bienveillante
autour de vieux arbres danseurs.
Les arbres sont dessinés au
crayon et graphite soluble.
Le granulat rend leur rugosité
rassurante.
Les taches d'aquarelle donnent
de la consistance aux arbres
et suggèrent la matière
architecturale.
Les ombres dans la neige sont
bleutées.

—

Machiya (maison traditionnelle des marchands) en bois, bambou, enduit et tuiles, Higashiyama-ku, Kyoto, région du Kansai, dessin à la branche sèche et encre de Chine, aquarelle et graphite soluble

Vue hivernale sur le lac et la lanterne Kotoji Toro

Pourquoi ai-je envie de retourner pour la quatrième fois à Kanazawa ? Là où ma créativité s'est libérée. Émerveillée par la tranquillité de ce lieu, sa bienveillance, sa beauté et sa sérénité, tout est devenu possible pour moi.
La critique intérieure s'est réduite au silence, et le dessin, tracé sur le papier, devient simplement « une ligne qui part en balade », comme le disait si justement Paul Klee.

« A drawing is simply a line going for a walk. »

Paul Klee

—
Jardin Kenroku-en, Kanazawa, région du Chubu, dessin au graphite soluble, crayon et aquarelle

Inépuisable source d'inspiration

La villa impériale de Katsura est un lieu de pèlerinage d'architectes depuis le début du XXe siècle, rendue célèbre entre autres par les architectes modernistes Bruno Taut, Le Corbusier et Walter Gropius. « *Less is more* » pourrait être le slogan de Katsura. L'intégration discrète des constructions dans le jardin, l'absence d'ornementation inutile, la géométrie et sa sobriété confèrent à l'architecture de ce lieu une élégance incroyablement « moderne », capturant l'essence même du Japon.
Les vues sur le jardin ne sont pas laissées au hasard. Le jardin s'intègre parfaitement comme un tableau dans la pièce. Le bois a des couleurs sombres de différentes teintes qui contrastent avec le blanc des *shōji*. Quelques ajouts de feuille d'or par-ci par-là contribuent au jeu géométrique qui conserve une sobriété sans pareille.
Juste « ce qu'il faut » pour encadrer le tableau et apporter une touche d'élégance.

—
Villa impériale de Katsura (la maison de thé), Kyoto, région du Kansai,
dessin à la branche sèche et encre de Chine avec aquarelle et graphite soluble

—
Onsen, Takayama-shi, région du Chubu, dessin au bic et à l'aquarelle

Ambiance pluvieuse dans la ville

C'est d'abord comme une petite chanson lointaine : « Il va falloir rentrer à la maison. » On n'y pense pas vraiment. C'est comme un petit bruit de fond. Mais on a beau faire semblant de ne pas entendre, le retour se précise de jour en jour : « Combien de temps reste-t-il encore ? » Et là, rien à faire, le compte à rebours est enclenché. L'atmosphère change, même les éphémères habitudes qu'on avait prises semblent un peu artificielles. On est là encore, mais on se sent insidieusement « ailleurs », un peu comme entre deux mondes.
Et la pluie de Tokyo se met soudain à ressembler à la pluie à la maison.

—
Shibuya-Jingumae, Tokyo, région du Kanto, dessin au bic, à l'aquarelle et graphite soluble

Ine
Hiroshima
Kyoto
Itsukushima
Naoshima

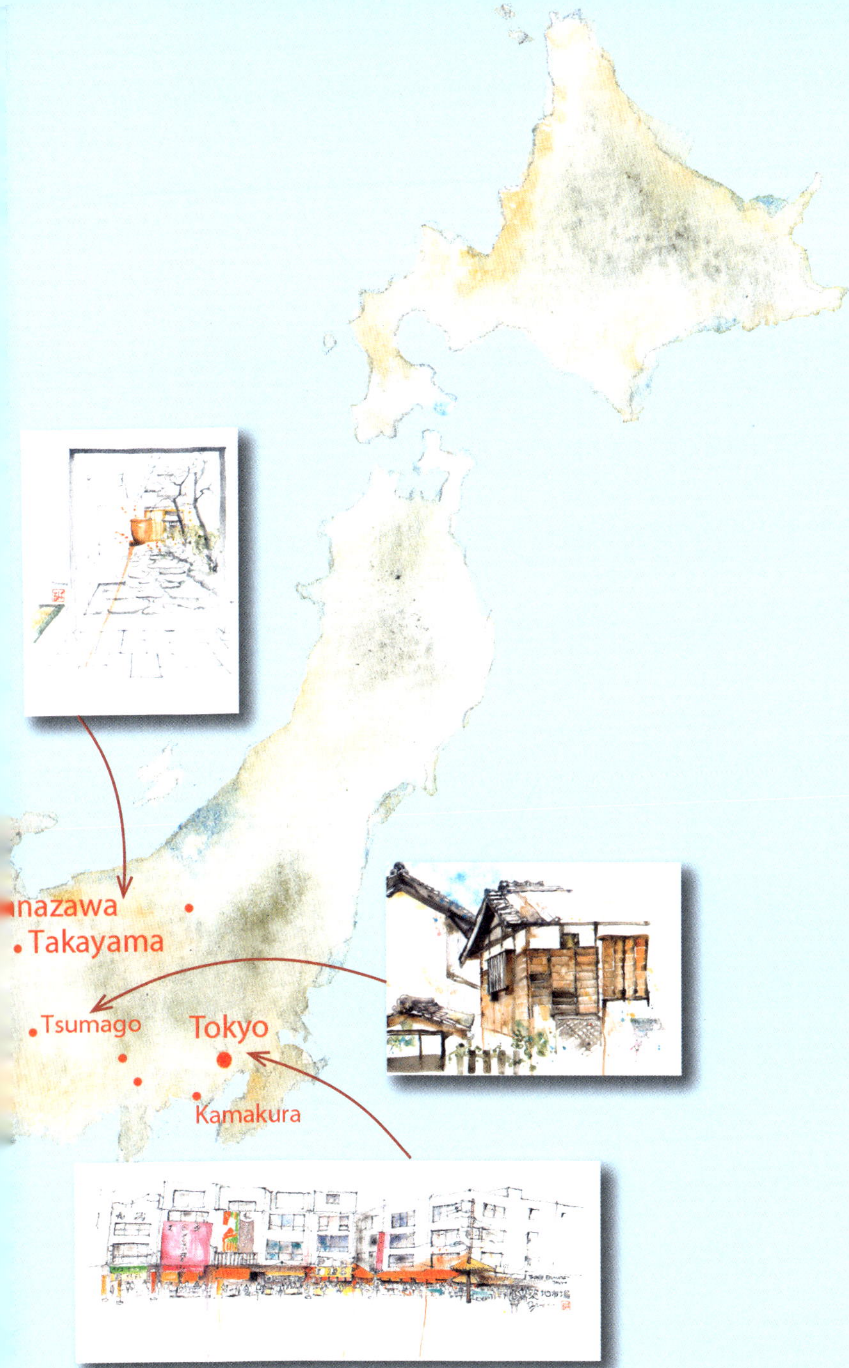
nazawa
Takayama
Tsumago
Tokyo
Kamakura

Dépôt légal : novembre 2021
N° d'édition : 96405435-01
Achevé d'imprimer par GZH (Croatie)